싱글 미니스트리 그룹 스터디 1
싱글의 잠재력과 가능성

초판1쇄 2022년 8월 20일

저자   탁영철

편집   뉴젠아카데미

발행인 이규종

발행처 해피앤북스
        서울특별시 마포구 신수동 448-6
        TEL : 02-323-4060, 02-6401-7004
        FAX : 02-323-6416
        E-mail : elman1985@hanmail.net
        www.elman.kr

출판등록 제 10호-1562(1985.10.29.)

값 6,500원

ISBN 979-11-969714-7-2

싱글 미니스트리 그룹 스터디 1

싱글의 잠재력과 가능성

Potential and Possibility of Single Adult

해피&북스

목 차

나의 싱글로서의 잠재력과 가능성

★ ....

★ ....

★ ....

★ ....

★ ....

★ ....

★ ....

★ ....

싱글은 반쪽 인생이 아니다

싱글로 살면서 반쪽짜리 인생 혹은 모자란 인생이라고 느낀 적은 없는지요? 만나고 싶은 배우자를 기다리거나 과거에 매여 현재의 삶을 박제해 놓은 것은 아닌지요? 이것을 반쪽 인생 신드롬(Half Person Syndrome)이라고 합니다.

골로새서 2:8-10

8. 누가 철학과 헛된 속임수로 너희를 사로잡을까 주의하라 이것은 사람의 전통과 세상의 초등학문을 따름이요 그리스도를 따름이 아니니라

9. 그 안에는 신성의 모든 충만이 육체로 거하시고

10. 너희도 그 안에서 충만하여졌으니 그는 모든 통치자와 권세의 머리시라

하나님의 눈으로 볼 때 싱글은 어떤 방해나 산만함이 없이 하나님과의 관계에서 성장하고 하나님을 섬길 절호의 기회입니다.

1. 싱글들은 일반적으로 자기 삶에 대하여 어떻게 느낍니까?

2. 이러한 느낌을 어떻게 생각하십니까? 어떻게 비슷합니까? 아니면 어떻게 다릅니까? 현재의 그러한 관점에 영향을 준 것은 무엇입니까?

3. 무엇 때문에 싱글 생활에 대하여 부정적인 개념을 갖게 됩니까?

4. 싱글에 대하여 부정적인 관점을 갖게 만드는 사회적 요인은 무엇입니까? 사회는 싱글에게 계속 어떤 메시지를 던져줍니까? 그 메시지는 주변에 있는 싱글에게 어떻게 파고 들어갑니까?

5. 일반적으로 교회는 사역의 궁극적인 토대가 무엇이라고 생각합니까?

6. 교회는 결과적으로 싱글을 어떤 관점으로 바라보며 사역적으로 어떻게 접근합니까?

7. 그러한 접근 방식으로 인해 어떤 문제가 생깁니까? 그리고 그러한 관
점은 어떻게 변경되어야 한다고 생각하십니까?

8. '반쪽 인생 신드롬'이란 말은 무엇입니까?

9. 이러한 신드롬에 물든 싱글은 어떤 삶을 살아갑니까?

10. 이러한 신드롬을 경험한 적이 있으십니까? 아니면 지금 경험하고 있습니까? 그렇다면 싱글로서의 삶에 어떤 영향을 끼칩니까? 이러한 비생산적이고 소모적인 사고를 깨뜨리려면 어떤 것 이 필요합니까?(골로새서 2:8-10)

11. 과거나 미래의 이상형의 배우자(Miss Right or Mister Right)가 현재의 삶을 사로잡고 있는 '박제 인형 증후군'(Stuffed puppets Syndrome)은 현재의 삶에 어떤 영향을 미칩니까?

12. 박제 인형 증후군이 당신의 삶에도 있는 것은 아닌지요? 그것에서 벗어나려면 어떻게 해야 합니까?

13. 한국의 80년대 중반에 나이키와 프로스펙스 운동화 열풍이 불었습니다. 그 당시 청소년들은 열배나 비싸지만 멋있고 고급스러우며 편안한 신발에 열광하고 그것을 갖는 것이 일종의 로망이었습니다. 어떤 삶의 모습을 로망으로 여기고 있습니까?

14. 이러한 삶에서 벗어나서 번성하는 인생이 되려면 어떤 조건이 갖춰

져야 합니까?(디모데전서 4:6-8)

15. 싱글에 대한 당신의 관점과 하나님의 관점은 어떻게 다릅니까? 그리

고 당신의 관점을 하나님께 맞추려면 어떤 변화가 있어야 합니까?

(누가복음 5:1-11)

아이크 그래함(리차드 기어 분)은 미국의 유력지 USA Today의 기자입니다. 새로운 소재를 찾아다니다가 결혼식 때마다 도망가는 신부에 관한 이야기를 듣습니다. 메릴랜드의 헤일이라는 마을에 살고 있는 매기(줄리아 로버츠 분)의 이야기를 사실 확인도 하지 않고 추측성 기사를 씁니다. 그의 기사는 독자에게 폭발적인 관심을 얻습니다. 하지만 기사의 당사자 매기는 고소를 하겠다고 편집장에게 엄포를 놓습니다. 놀란 편집장은 아이크를 해고합니다.

갑자기 직장을 잃은 아이크는 기사가 사실이라는 것을 입증하기 위하여 메릴랜드 헤일로 가서 취재를 시작합니다. 그녀는 이미 세 번 도망간 전력이 있고 네번째 결혼식에도 도망갈지 아닐지에 대해 내기를 건 사람들까지 있었습니다. 그런데 그녀와 직접 만나서 이야기하면서 중요한 사실을 발견합니다. 그녀는 결혼이 목표가 되어 철저히 약혼자에게 모든 것은 맞춰주다가 막상 결혼식 당일에는 평생 자기를 잃고 사는 것이 두려워서 도망가고 있었습니다. 이 과정에서 매기와 아이크는 서로에 대한 사랑을 확신하고 네번째 결혼식에 도전합니다. 하지만 매기는 이번에도 도망갑니다.

이 일 후에 아이크는 뉴욕으로 돌아가고 매기는 자신이 누구인지에 대하여 진지하게 생각하며 고민합니다. 자신의 본래 모습을 찾기 시작합니다. 약혼자들의 식성에 맞춰주려고 애쓰다가 정작 자신은 무엇을 좋아하는지 몰랐습니다. 그래서 다양한 계란 요리를 앞에 놓고 하나씩 먹어봅니다. 그녀가 좋아하는 계란 요리는 스크램블이나 프라이 혹은 삶은 계란이 아니라 에그 베네딕트라는 것을 알게 됩니다. 자신을 찾은 매기는 뉴욕에 있는 아이크를 찾아가서 말합니다.

"내가 누구인지 전혀 모르는 사람과 결혼하려고 했어요. 물론 절반은 내 책임일 거예요. 그 사람들이 원하는 대로만 움직였으니까요. 결혼하지 않은 건 정말 잘한 일인 것 같아요. 속이는 것이나 마찬가지이니까요. 그런데 당신은 나의 진짜 모습을 알고 있었어요."
영화는 두 사람이 결혼식을 올리고 그 소식을 들은 매기의 친구와 마을 사람들이 환호성을 터트리며 끝이 납니다. 결혼에 올인하다 보면 자기를 잃어버릴 수 있습니다. 현재의 삶이 박제되어 진퇴양난의 상황에 빠질 수 있습니다.

그리스도 안에서의 온전함

예수님이나 사도 바울의 경우에서도 볼 수 있듯이 온전한 삶을 사는 것은 로맨틱한 관계와 전혀 상관이 없습니다.

금지된 것에 대한 욕망은 결혼해도 사라지지 않습니다. 물론 생각 자체는 죄가 아닙니다^(창세기 3:1-6). 하지만 절제하지 못하면 모든 것이 무너집니다.

낭만적인 관계는 반쪽과 반쪽이 만나서 하나가 되는 것이 아닙니다. 그것은 단지 더 심각한 불완전함에 이를 뿐입니다^(고린도전서 7:24,27). 오믈렛을 만들 때 상한 계란 두 개를 넣으면 상한 오믈렛이 됩니다.

우리 모두는 하나님 나라에서만 완전한 사람일 수 있습니다. 삶에서 예수께서 우선순위일 때만 번성할 수 있습니다^(마태복음 19:16-22). 번성과 형통의 토대는 오직 예수 그리스도입니다^(마태복음 19:21).

1. 로맨틱한 만남과 온전한 삶은 어떤 상관이 있습니까?

2. 싱글로 일생을 살아간 하나님의 위대한 일꾼의 삶에 로맨틱한 인간관계는 대체로 존재하지 않았습니다. 당신의 삶은 어떠하며 이 부분에 대하여 어떻게 생각하십니까?

3. 싱글로 살 때 겪는 외로움, 성적인 좌절, 그리고 방황의 원인은 무엇입니까?

4. 외로움이란 무엇입니까?

5. 외로움에 대한 이러한 정의에 대하여 어떻게 생각하십니까? 동의하십
   니까? 아니면 동의하지 못합니까? 그렇다면 그 이유는 무엇입니까?

6. 외로움과 고독의 차이는 무엇입니까?

   (열왕기상 19:4; 마가복음 1:35-39)

7. 왜 성적 유혹이 결혼으로 해결되지 않습니까?(잠언 9:17)

8. 성경은 이것을 이기려면 어떻게 해야 한다고 말합니까? 그리고 그것을 이겨야만 하는 이유는 무엇입니까?(고린도전서 6:12-20)

9. 온전함과 완전함의 차이는 무엇입니까?(히브리서 12:2; 야고보서 1:8)

10. 유혹(temptation)과 시험(test)은 어떤 차이가 있습니까?

    (창세기 3:1-6)

11. 영적인 전투에서 승리하기 위한 비결은 무엇입니까?

    (신명기 8:3: 마태복음 4:1-11)

12. 영적인 전투에서 걱정하거나 염려할 필요가 없는 이유는 무엇입니

    까?(요한일서 4:4)

13. 많은 경우에 "둘이 만나서 하나가 된다."(마태복음 19:5; 에베소서 5:31)라는 성경 구절을 근거로 결혼하지 않으면 온전한 사람이 아니라고 말합니다. 이러한 논리의 문제점은 무엇입니까?
(고린도전서 7:24,27)

14. '프랑켄슈타인의 신부'란 영화를 보셨는지요? 이 영화에서 나온 '프랑켄슈타인 신부 신드롬(Bride of Frankenstein Syndrome)은 무엇입니까?

15. 싱글이 이 세상에서 온전한 인생을 살기 위한 기초 토대는 무엇입니까?(마태복음 19:16-22)

16. 믿음으로 살아간다는 것은 무엇을 의미합니까?(요한복음 2:1-11)

프랑켄슈타인(1931년판)에서 이어지는 스토리로 원작의 괴물의 신부 제작 에피소드를 바탕으로 해서 만든 영화입니다.

전작의 풍차화재로부터 살아남은 괴물은 겨우겨우 탈출합니다. 이 와중에 사람을 또 죽이기도 하지만 장님 노인을 만나 처음으로 인간의 정을 느끼고 간단한 말을 배웁니다. 그러나 그런 행복도 잠시, 마을 사람들은 괴물을 쫓아내고 겨우 만난 친구와 이별합니다. 한편 괴물이 죽었다고 생각하고 평화롭게 살려던 프랑켄슈타인 박사에게 프로테우스 박사라는 인물이 찾아옵니다. 호문쿨루스라 불리는 조그마한 인간들을 창조한 프로테우스는 프랑켄슈타인에게 다시 인간을 만들자고 유혹하지만 이미 생고생을 한 프랑켄슈타인은 거부합니다.

도망치던 괴물은 묘지에서 프로테우스를 만나고 프로테우스는 괴물을 꼬드겨 프랑켄슈타인의 약혼녀를 납치합니다. 그리고 프랑켄슈타인을 협박해 신부를 만들게 합니다. 결국 프랑켄슈타인은 프로테우스의 요구에 따릅니다.

마침내 괴물의 신부가 탄생하고 괴물은 드디어 자신이 외롭지 않을 것이라는 생각에 기뻐합니다. 그러나 신부는 괴물을 보는 순간 비명을 지릅니다. 자신의 짝으로 탄생한 신부마저 자신을 거부한다는 사실에 충격받은 괴물은 연구소가 파괴될 동안 프랑켄슈타인과 약혼녀를 도망치게 하고 자신은 프로테우스, 그리고 신부와 함께 최후를 맞이합니다.

마음에 드는 배우자를 만나면 삶의 문제가 해결될 것이라는 생각은 대단히 큰 착각입니다. 오히려 더 큰 문제에 부딪힐 수 있습니다. 다른 사람을 통해 자신의 부족이나 연약함을 채우려고 하기보다는 개인적으로 충분히 성장하여 채워주려는 자세를 가지는 것이 바람직합니다.

하나님의 궁극적인 뜻

싱글은 삶에서 명확해야 할 부분이 있습니다. 인생의 주인이 결혼입니까 아니면 예수 그리스도입니까?

우리의 삶을 향한 하나님의 궁극적인 뜻은 결혼이 아니고 예수 그리스도를 닮아가는 것입니다(로마서 8:29).

하나님이 우리의 삶에 고난을 허락하신 이유는 무엇입니까? 거룩함에 이르고 힘겨운 세상에 기쁨이 되도록 하시기 위함입니다(욥기 23:10). 그리고 결국 알곡과 가라지를 구분하실 것입니다(마태복음 3:12).

세상에서의 삶에서 승리하는 유일한 길은 하나님의 말씀으로 사는 법을 배우는 것입니다(신명기 8:3).

그런데 사람은 삶이 풍성하고 여유가 있으면 하나님을 망각하기 쉽습니다. 그래서 교만하고 오만해집니다(신명기 8:11-14).

하나님께서 우리에게 원하시는 궁극적인 뜻은 하나님 안에서 죄와의 싸움에서 이기며 강하고 담대하게 승리의 삶을 살아가는 거룩입니다(레위기 11:45).

1. 당신의 삶을 향한 하나님의 궁극적인 뜻은 무엇입니까?(로마서 8:29)

2. 이러한 관점에 비추어 볼 때 싱글에게 가장 중요한 문제는 무엇입니까?(이사야 43:1; 마태복음 6:24; 누가복음 16:13)

3. 하나님은 우리의 싱글 생활을 어떻게 사용하려고 하십니까?
   (이사야 43:7; 고린도전서 10:31)

4. 모든 것 중에서 예수 그리스도를 우선순위에 모시기로 결정한다면 삶에 어떤 일이 일어날까요? 그러한 변화를 경험한 적이 있으십니까?

5. 어떤 방법을 통해서 하나님은 우리가 예수 그리스도를 닮아가게 하십니까?(욥기 23:10)

6. 예수님은 우리의 삶에서 필요한 분이십니까? 그렇다면 그 이유를 열

거해 보십시오. 그런데 그것이 왜 문제가 됩니까?(시편 23:1-6)

7. 하나님께서 예수 그리스도를 닮아가도록 하시기 위하여 사용하시는

또 다른 방법은 무엇입니까?(마태복음 3:12)

8. 두 종류의 속물근성이 있습니다. 하나는 필리스티니즘(Philistinism)
   이고 다른 하나는 스노버리(snobbery)입니다. 이 둘의 차이점은 무
   엇입니까?(빌립보서 3:13-14)

9. 왜 속물근성이 문제가 되며 삶에 어떤 영향을 미칩니까?

10. 속물근성을 해결하기 위한 첫번째 방법은 무엇입니까?

(신명기 8:3; 빌립보서 2:5-8)

11. 속물근성을 해결하기 위한 두번째 방법은 무엇입니까?

(고후 6:14-16)

12. 속물근성을 해결하기 위한 세번째 방법은 무엇입니까?

   (로마서 12:17)

13. 교회 내에서 형성될 수 있는 네 가지 인간관계는 무엇입니까?

   (고린도전서 3:1-9) 그리고 당신은 어떤 상태에 있습니까?

14. 절대로 놓치지 말아야 할 동역자의 조건은 무엇입니까?

(데살로니가전서 3:2; 골로새서 4:11; 요한삼서 1:8; 빌립보서 4:8)

15. 예수님과 동행하는 사람들의 전형적인 특징은 무엇입니까?

(누가복음 24:13-35)

인생이 계속 꼬이는 사람들의 전형적인 특징

능력 있고 열심히 사는 것 같은 데도 삶이 잘 풀리지 않는 사람들이 있습니다.
그 특징을 정리해보면 10가지 정도로 추려집니다.

1. 선택을 할 때 멀리 내다보지 못한다.
선택을 할 때 미래를 파악하고 정보력을 총동원해야 한다. 그렇지 않으면 눈앞의 이익 때문에 미래를 망치고 만다. 지금 좋아 보이는 선택이 최악의 선택이 될 수 있다.

2. 인간관계가 지속적이지 않다.
아무리 열심히 살아도 인간관계를 오래 유지하지 못한다는 것은 성격이나 살아가는 방식 혹은 태도에 문제가 있다는 것을 의미한다.

3. 감정을 통제하지 못한다.
자신의 감정에 너무 몰입하여 분노나 우울함에 쉽게 빠지고 행동으로 표출하며 헤어 나오지 못하면 인생이 뜻대로 될 수가 없다.

4. 인생의 목표가 분명하지 않다.
인생의 목표가 모호하거나 계속 바뀌고 혹은 목표조차 없으면 힘든 일에 쉽게 흔들리고 재미에 쉽게 빠져 삶의 pace를 쉽게 잃어 버린다.

5. 자존심이 너무 강하다.

자아가 너무 강해 절대로 아쉬운 소리 못하고 자신의 실수나 부족을 인정하지 못한다. 다른 사람들과 잘 어울리지 못하면, 협력과 팀워크가 필수불가결한 세상에서 살아남을 수가 없다.

6. 변덕이 너무 심하다.

좋아하는 것이나 하고 싶은 것이 계속 바뀌는 사람은 주위 사람들을 정말 피곤하게 한다. 믿을 수 없고 신뢰할 수 없으며 예측이 어려운 사람은 자신의 매력이나 능력 덕분에 주위에 사람들이 남아있기는 하지만 인생이 풀리지는 않는다.

7. 귀가 너무 얇다는 소리를 많이 듣는다.

사람 착하다는 소리는 들을 수 있지만 다시 생각하면 어수룩하다는 말일 수 있다. 여러 가지 사항을 동시에 고려하지 못하고 한쪽 면만 보는 성향을 가지면 지혜로울 수가 없다.

8. 긍정적인 면을 잘 보지 못한다.

어떤 사람이나 어떤 상황에서 부정적인 측면만을 보고 말하며 그 분위기를 확산시키는 사람은 주위 사람들의 인생까지 망쳐 놓는다.

9. 무엇이든 습관적으로 대충한다.

이 세상에 대충해서 되는 것은 없다. 건성으로 사람이나 일을 대하고 오지랖만 넓으면 처음에는 좋은 말을 들을 수 있지만 그 평가가 절대로 오래 가지 않는다.

10. 정도를 걷지 않는다.

항상 요령이나 변명이 앞서고 남의 눈치만 보며 쉽게(easy going)하려고만 한다면 결국에는 더 큰 손해나 손실을 보기 마련이다.

인생은 선택과 집중이다

싱글은 낙인이나 사회 문제가 아닙니다. 실패나 패배도 아닙니다. 단지 선택의 문제일 뿐입니다.

인생은 선택의 연속입니다. 그 선택에 따라 모든 것이 결정됩니다. 그런데 중요한 것은 선택은 자유이지만 그 결과는 자유가 아니란 사실입니다. 따라서 선택의 수준은 곧 인생의 수준이 됩니다^(마태복음 6:33).

아브라함을 통하여 '순종적 선택의 원리'를 터득하십시오^(히브리서 11:8). 룻을 통하여 '원칙적 선택의 원리'를 터득하십시오^(룻기 1:16-17). 베드로를 통하여 '경험적 선택의 원리'를 터득하십시오^(누가복음 4:38-39; 5:5). 이러한 선택의 전제조건은 희생입니다. 이러한 희생은 곧 무엇으로 이어져야 열매로 맺힐까요?

이러한 선택 이후에는 집중이 이뤄져야 합니다. '집중'이란 말은 결과가 나올 때까지 연속적으로 주의(attention)와 노력(effort)을 기울이는 행위를 말합니다.

1. 싱글 상태는 거절을 의미하지 않습니다. 그 이유는 무엇입니까?

2. 싱글로 살아가는 삶을 계속해서 거절이나 버려짐으로 느끼는 이유는

   무엇입니까?

3. 버려짐과 내어줌의 차이는 무엇입니까?(이사야 53:1-6)

4. 당신의 싱글 생활을 이끌어가는 동력은 무엇입니까?

5. 싱글 생활에서 겪는 어려움은 무엇이며 그것을 어떻게 이겨 나가고
   있습니까?

6. 삶의 방식과 방향을 선택하는 근거는 무엇입니까?

7. 사도 바울의 삶 전체를 요약해 보십시오. 그가 삶에서 선택하는 근거
   는 무엇입니까?(디모데후서 4:1-8)

8. 사도 바울의 삶과 당신의 삶에서 공통점과 차이점은 무엇입니까?

9. 싱글이 겪는 어려움의 외적 원인과 내적 원인은 무엇이며 그것을 해
   결하려면 어떻게 해야 합니까?(고린도전서 12:26-31)

10. 가스라이팅(Gaslighting)이란 말의 유래와 뜻은 무엇입니까?

11. 가스라이팅이 삶에서 문제가 되는 이유는 무엇입니까?

12. 집중(concentration)과 집착(obsession)의 차이는 무엇입니까?

13. 집착하지 않고 집중하는 인생을 살기 위한 원칙과 방법은 무엇입니까? 개인적인 견해와 다른 이의 의견을 조합하여 정리해보십시오.

14. 좁은 문으로 들어가라는 말씀의 의미는 무엇이며 그것의 방법과 유익은 무엇입니까?(마태복음 7:13-14; 19:23-26)

KFC 이야기

켄터키후라이드치킨의 창업자 커넬 샌더스(Colonel Sanders)는 식당을 하며 다양한 음식을 만들었습니다. 하지만 경제대공황으로 문을 닫게 될 상황에 처했습니다. 그래서 다른 메뉴들을 포기하고 할아버지에게 요리법을 배워 자신이 있는 치킨에만 집중하여 지금의 KFC가 탄생했습니다. 그때 그의 나이가 68세였습니다. 세계의 경제 상황이 최악일 때였습니다. 모두가 포기할 때 그는 다시 시작했습니다. 조금 더 깊이 들어가 보면 그의 인생은 정말 순탄하지 않았습니다.

6세에 아버지를 여의고 힘든 성장기를 보냈고, 들어가는 회사마다 해고를 당했습니다. 주유소에 차린 카페가 잘되어 호황을 누렸지만 경제대공황과 주유소 옆에 다른 도로가 뚫리면서 65세에 또 문을 닫고 남은 돈은 105달러였습니다. 가게를 오픈할 상황이 안 되니 프랜차이즈 사업을 시작했습니다. 전국을 3년 동안 돌아다니며 1109번이나 거절당했고 1100번째에 첫 프랜차이즈 가게를 따냈습니다.

커넬 샌더스의 성공은 선택과 집중의 결과였습니다. 무엇보다도 한 가지 메뉴를 선택하여 집중합니다. 프랜차이즈에 관심을 보이는 업체를 방문하여 시식 서비스 행사를 진행합니다. 이때 하얀색 양복과 검은색 넥타이를 착용했고 KFC의 트레이드 마크가 탄생합니다. 치킨을 튀길 때 생기는 불결한 환경을 극복하기 위하여 청결을 강조합니다. 그래서 흰색 양복을 착용합니다. 또한 위생 점검을 하여 청결 상태가 안 좋은 업체와는 계약을 체결하지 않고 계약한 프랜차이즈도 취소 결정을 내렸습니다.

우리는 생각보다 할 수 있는 일이 많지 않습니다. 여러 가지를 동시에 할 수는 있지만 잘 할 수는 없습니다. 그러나 한 가지를 잘 할 수는 있습니다. 모든 일에 탁월할 수는 없습니다. 그러나 한 가지에는 탁월할 수 있습니다. 없는 것에 집중하지 말고 있는 것에 집중하십시오. 못하는 것에 매달리지 말고 잘하는 것에 매달리십시오.

섬김의 은사

싱글의 은사는 섬김을 위한 은사입니다. 하나님은 싱글에게 헌신을 요구하십니다. 하나님께 초점을 맞추고 시간과 재능을 드려야 한다는 것을 의미합니다. 예수님처럼 섬김을 삶의 목적으로 삼아야 한다는 것을 뜻합니다^(마가복음 10:45).

하나님은 하나님께 철저히 집중하고 사모하고 찾으며 기다리고 그 뜻에 순복하는 싱글을 찾으십니다. 싱글 기간은 하나님을 깊이 알고 마음과 뜻과 정성을 다하여 하나님을 섬길 기회입니다.

하나님께 모든 것을 드려야 하나님께 철저히 초점을 맞추며 하나님만 섬길 수 있습니다.

종종 결혼하고 싶은 욕망으로 인하여 하나님께 집중하지 못합니다.

하나님은 우리가 감당할 수 없는 일에는 관심이 없으십니다. 단지 우리가 할 수 있는 것에만 관심이 있으십니다.

단지 우리가 지닌 재능과 능력을 사용하여 하나님께 영광을 돌리길 기대하십니다.

1. 당신의 싱글 생활은 무엇을 위한 시간이며 삶이라고 생각하십니까?

2. 당신이 싱글로서도 하나님을 잘 섬길 수 있는 이유는 무엇입니까?

3. 사도 바울은 싱글에 관하여 뭐라고 표현합니까?(고린도전서 7:32-35)

그의 생각과 표현을 당신의 말로 적어 보십시오.

4. 사도 바울에 의하면 싱글 생활의 목적은 무엇입니까?

5. 하나님께 전적으로 헌신할 수 있다는 말의 의미는 무엇입니까?

   (시편 32:8-9; 시편 42:1-5)

6. 싱글 생활 중에 하나님께 초점을 맞추지 못하도록 방해하는 것은 무 엇입니까? 특별히 당신의 삶에서 가장 큰 방해요인의 예를 찾아보십 시오.

7. 하나님께 전적으로 헌신하기 위한 세 가지 원칙은 무엇입니까?

   (마가복음 12:41-44; 14:3-9; 요한복음 2:7-8)

8. '가지고 있는 전부'라는 말의 의미는 무엇입니까?

9. '가지고 있는 것 중에 가장 좋은 것'이란 말의 의미는 무엇입니까?

10. '할 수 있는 것을 하라'라는 말의 의미는 무엇입니까?

11. 이 세 가지 자질 중에 가장 어렵게 느껴지는 것은 무엇이며 그 이유
   는 무엇입니까?

12. 하나님께 전적으로 헌신하는 삶을 살기 위한 유일한 길은 무엇입니
   까?(디모데전서 4:7-8)

13. 예수님은 이 땅에 오신 이유와 목적이 무엇이라고 말씀하셨습니까?(마가복음 10:45)

14. 이 땅에서 섬김의 삶을 살아간다는 것은 구체적으로 어떻게 사는 것을 의미합니까?

15. 당신이 가진 능력 중에 가장 영향력이 있으며 가장 강력한 힘은 무엇
입니까? (로마서 12:1) 그리고 그 힘을 어떻게 사용하고 있습니까?

16. 주인의 달란트를 맡은 세 사람 중에 한 달란트를 맡은 사람이 자신의
달란트를 땅에 묻어 놓은 이유는 무엇입니까?(마태복음 25:14-29) 당
신은 재능을 올바로 사용하고 있는지요? 혹시 묻어 놓고 있다면 그 이
유는 무엇입니까?

허드슨 강의 기적

2009년 1월15일에 승무원을 포함하여 탑승객 155명을 태운 US Airway 1549편 비행기는 이륙 2분만에 새떼를 만나서 양쪽 엔진이 손상되어 추락할 위기에 처합니다. 이때 기장 체슬리 설렌버거(Chesley Burnett Sullenberger III)는 침착하게 허드슨 강으로 방향을 바꿔 추락 24분만에 전원 구조받게 합니다. 이 사건을 '허드슨 강의 기적'이라고 말합니다.

이 기적을 일으킨 기장 설리는 미 공군 전투기 조종사 출신으로 비행시간이 총 2만시간에 달하며 엔진이 모두 꺼졌을 상황에 대비하는 훈련까지 받았습니다. 그는 모든 훈련을 실제라고 생각하고 임했다고 합니다. 공군을 떠난 뒤 그는 비행안전 컨설팅회사를 운영한 경험도 있었습니다. 엔진은 모두 꺼졌습니다. 유일한 희망은 허드슨강에 동체 착륙하는 것이었습니다. 속도가 너무 느리거나 빠르면 안 됩니다. 최대한 강바닥과 평행을 이룬 상태에서 착륙하지 않으면 충격으로 동체가 두 동강 나거나 뒤집혀 많은 사상자가 날 수 있었습니다. 그는 마지막 순간까지 집중력을 잃지 않았습니다. 1549편은 기적적으로 기체에 손상을 거의 입지 않은 채 불시착에 성공했습니다. 그 덕에 동체는 구조대가 올 때까지 물 위에 떠 있을 수 있었습니다. 조종사는 구조대가 온 뒤에도 기내에 두 번이나 다시 들어가 남은 승객이 있는지 확인하고 마지막으로 비행기에서 빠져 나왔습니다.

이때의 흥분과 감격 그리고 감동을 생생히 기억하고 싶어 클린트 이스트우드(Clint Eastwood)는 2016년에 영화로 제작합니다. 하지만 이 사건에서 반드시 기억해야 하는 부분은 따로 있습니다. 바로 훈련의 중요성입니다. 훈련은 위기에 부딪혔을 때 적절히 대처하도록 이끌어줍니다. 응급상황을 미리 예측하고 그에 대비하는 훈련은 조정사의 기본 교육 과정입니다. 그런데 훈련이 더 중요한 이유는 일상을 유지하는 능력을 길러 주기 때문입니다. 출발지에서 목적지까지 가는 일상은 그 무엇보다도 중요합니다.

크리스천에게 경건 훈련은 무엇보다 중요합니다. 하나님이 기뻐하시는 일상을 유지하며 위기나 어려움에 넘어가지 않는 능력을 갖게 하기 때문입니다.

비전을 발견하라

　하나님이 싱글 기간을 허락하신 특별한 이유가 있습니다. 그 이유가 곧 비전이고 목적입니다. 하나님은 우리를 태어나기 전부터 아십니다[예레미야 1:5]. 그리고 우리를 향한 계획을 갖고 계십니다[시편 139:13-16]. 하나님이 우리를 지으신 그대로 우리를 바라보지 않으면 삶은 왜곡되고 어그러질 수밖에 없습니다. 인생의 목적과 방향도 하나님이 지으신 그대로 설정하지 않으면 삶은 방황이 되고 낭비가 됩니다. 이 원칙은 싱글 기간에도 예외 없이 적용됩니다[욥기 23:10].

　개인의 비전을 찾았다는 것은 일상의 삶에서 하나님이 우리에게 어디서 어떻게 섬기기를 원하시는지 파악했다는 것을 의미합니다. 실패가 두려워서 주저하지 않습니다. 위험을 혼자가 아니라 하나님과 함께 감수하기 때문입니다.

1. 싱글 기간이 주어진 목적을 알 수 있는 방법은 무엇입니까?

   (예레미야 1:5; 시편 139:13-16)

2. 이 목적을 파악하려면 구체적으로 무엇부터 시작해야 합니까?

   (욥기 23:10)

3. 삶에 열정과 활력이 없는 가장 큰 이유는 무엇입니까?(빌립보서 4:13)

4. 때때로 초라하거나 별볼일 없게 느껴지는 이유는 무엇입니까?

(고린도전서 1:26-29)

5. 비전과 꿈의 차이는 무엇이며 비전이 없는 사람들에게는 어떤 일이
   일어납니까?(요엘 2:28; 잠언 29:18)

6. 비전을 품고 살아가는 사람이 걱정하거나 염려할 필요가 없는 이유는
   무엇입니까?(로마서 8:28)

7. 연약함과 부족함이 오히려 기쁨이 될 수 있는 이유는 무엇입니까?

(고린도후서 12:9-10)

8. 비전을 발견하는 세 가지 방법은 무엇입니까?

9. 비전을 품고 살아가는 크리스천에게는 어떤 일이 일어납니까?

10. 비전과 목적은 어떻게 다릅니까? 등산가와 등정하려는 산에 비유하

여 설명해 보십시오.

싱글의 잠재력과 가능성 63

11. 당신의 비전은 무엇입니까?

12. 당신의 목적은 무엇입니까?

13. 요셉의 꿈이 비전이 되기 위한 필요조건은 무엇이었습니까?

   (창세기 37:1-11)

두 종류의 계란

계란은 두 종류가 있습니다. 즉 병아리가 되는 게 있고 안 되는 게 있습니다. 똑같은 계란이고 육안으로 차이를 구별할 수 없습니다. 그런데 왜 다릅니까? 암수가 짝짓기를 하여 낳은 것은 병아리가 되지만 그렇지 않은 것은 병아리가 되지 않습니다. 전자는 유정란이라 하고 후자는 무정란이라고 합니다.

신앙인이라고 하면서도 수정체가 없어서 아무리 품고 있어도 부화할 수 없는 존재가 있습니다. 신앙인에게 있어서 그 수정체와 같은 것이 무엇일까요? 바로 비전입니다. 무정란을 아무리 품고 있어도 병아리가 될 수 없듯이 비전이 없는 신앙인은 교회가 아무리 품고 있어도 병아리가 되지 않습니다.

무정란을 계속 품고 있으면 어떻게 됩니까?
첫째로 부패합니다. 마찬가지로 비전이 없는 사람은 가정과 교회가 아무리 품고 있어도 결국에는 썩습니다. 그리고 썩는 것으로 끝나지 않습니다.

둘째로 악취가 납니다. 썩은 계란이 악취를 풍기듯이 비전이 없는 사람은 교회와 가정 그리고 사회에서 썩어서 악취를 풍기므로 눈살을 찌푸리게 하며 분위기를 험악하게 만듭니다.

셋째로 흉측스러워집니다. 또한 썩어서 냄새만 풍기는 게 아니라 보기에 흉측스럽습니다. 비전이 없어서 부패한 사람은 어디를 가나 골칫덩이가 됩니다. 그 사람을 보면 다른 사람들이 도망을 가게 되어 있습니다.

넷째로 오염시킵니다. 다른 계란과 심지어 어미 닭까지 병들게할 수 있습니다. 비전을 갖고 있지 않은 사람은 교회를 병들게 합니다. 가정을 병들게 합니다. 학교를 병들게 합니다. 또한 사회를 어두운 곳으로 만듭니다. 비전이 없어서 부패한 사람은 건강한 교회와 가정 그리고 사회를 결코 그냥 놓아두지 않습니다.

부모님은 자녀들에게 꿈을 심어 주십니다. 하나님께서도 자기 자녀들에게 반드시 꿈을 심어 주십니다. 그것을 못 찾으면 인생이 고통이 되고 무의미해 집니다.

하나님 나라의 군사로 살라

요셉이 비전을 가지고 살아간 이유는 처음에는 알 수 없었지만 점점 더 뚜렷하게 드러납니다. 하나님의 수많은 백성을 구원하기 위함이었습니다(창세기 50:20-21). 특별히 그가 그 사명을 감당할 능력을 갖추며 수행한 대부분의 기간은 싱글일 때였습니다.

싱글은 부부동반으로 여흥을 즐기는 유람선에서는 문제가 될 수 있습니다. 부부동반으로 어울리며 움직이는 상황에서는 불편하기 때문입니다. 그러나 전투선에서의 군인에게는 싱글이란 것이 문제가 되지 않습니다. 오히려 유익할 수 있습니다. 전쟁을 부부동반으로 수행하지는 않기 때문입니다. 세상이라는 바다에서 교회는 유람선입니까 아니면 전투선입니까?

교회가 유람선처럼 보일 수는 있습니다. 쉼과 위로 그리고 기쁨과 즐거움이 있기 때문입니다. 하지만 교회는 끊임없이 전투를 수행하는 군함이란 것을 잊지 말아야 합니다(디모데후서 4:7).

1. 싱글 미니스트리의 목적과 의도는 무엇입니까?

   (에베소서 5:15-21; 골로새서 4:5; 에베소서 4:15)

2. 싱글이 성장하기 위한 첫 번째 전제조건은 무엇입니까?

   (에베소서 5:1-2)

3. 싱글이 성장하기 위한 두 번째 전제조건은 무엇입니까?(호세아 4:6)

4. 싱글이 성장하기 위한 세 번째 전제조건은 무엇입니까?

   (이사야 55:6-9)

5. 초대교회 공동체가 폭발적인 성장을 이룬 이유는 무엇입니까?

  (사도행전 2:42-47)

6. 싱글이 성장하기 위한 네 번째 전제조건은 무엇입니까?

  (누가복음 14:15-24)

7. 싱글이 스스로를 제한하며 가능성과 잠재력을 사장시키는 변명은 무 엇입니까?

8. 세계에서 가장 큰 강은 아마존 강입니다. 가장 긴 강은 나일강입니다. 그리고 가장 짧은 강은 디 강입니다. 크기나 길이에 상관이 없이 강이 라고 불리는 이유는 무엇입니까?

9. 당신은 스스로를 누구라고 생각하며 그 정체성의 토대는 무엇입니까?(요한복음 15:1-8)

10. 이슬람은 오주육신을 통해서 자신들의 정체성을 날마다 확인하며 공고히 합니다. 당신이 크리스천으로서의 정체성을 확고히 하기 위한 메커니즘은 무엇입니까?(마가복음 1:35-39; 사도행전 3:1)

11. 당신의 삶의 근본동기와 문제해결의 알고리즘은 무엇입니까?

   (에베소서 4:1-16)

12. 출애굽하여 가나안으로 향하는 이스라엘 백성에게 어떤 문제가 있

   었습니까? 그리고 그 문제의 원인은 무엇입니까?

   (출애굽기 15:22-27)

강으로 불리는 이유

　세계에서 제일 큰 강은 아마존강이라고 합니다. 호주 땅덩이 크기입니다. 세계에서 제일 긴 강은 나일강이라고 합니다. 나일강의 길이는 6,690km로 알려져 있습니다. 세계에서 제일 짧은 강은 오리건 주 링컨시에 있는 길이 36m의 D River라고 합니다. 가장 짧은 강으로 기네스북에 올라 있습니다.

　강을 왜 강이라고 할까요? 강이 크든 작든 길든 짧든 바다로 흘러 들어가기 때문입니다. 그리고 결국 바다가 되기 때문입니다. 강물은 결국 바닷물이 됩니다.

　아마존강은 대서양으로 흘러 들어가고 나일강은 지중해로 흘러 들어가며 디강은 태평양으로 흘러 들어갑니다. 가장 짧은 강이지만 가장 넓은 바다가 되는 겁니다. 오늘 신자라는 말을 진지하게 생각해보고 싶습니다.

당신은 무엇을 향하고 있습니까? 당신은 무엇과 맞닿아 있습니까? 왜 신자입니까? 왜 그렇게 부릅니까? 몇 년을 살든 몇 년을 예수 믿었든 상관없습니다. 예수 그리스도를 향하고 있기 때문에 크리스천입니다. 부유하든 가난하든 예수 그리스도를 향하고 있고 맞닿아 있기 때문입니다. 이것이 안 되면 신자라고 할 수가 없습니다. 그런데 강이 바다로 흘러 들어가지 않으면 어떻게 될까요? 저수지에 불과합니다. 그 물은 썩게 되어 있습니다. 고인 물은 반드시 썩습니다. 물이 썩으면 어떻게 될까요?

1) 악취가 납니다.
2) 보기가 흉해집니다.
3) 닿는 모든 것을 오염시킵니다.
4) 그 안의 모든 것을 죽게 합니다.

크리스천도 예수께 접붙임이 되어있지 않으면 어떻게 될까요?

나의 싱글로서의 잠재력과 가능성

★ ....

★ ....

★ ....

★ ....

★ ....

★ ....

★ ....

★ ....